NATIONAL GEOGRAPHIC KiDS

Für kleine Entdecker

Rom

Texte von Daniela Celli

Illustrationen von Laura Re

FÜR DIE ELTERN BESTIMMT

„Wie schön du bist, Rom …", heißt es in einem bekannten italienischen Lied aus den 1930er-Jahren. Doch obwohl niemand daran zweifelt, ist es auch wahr, dass man sich allein bei dem Gedanken, die italienische Hauptstadt mit Kindern zu erkunden, überfordert fühlen kann. Wie soll man sich in einer Stadt mit über neunhundert Kirchen, Dutzenden von Museen und sogar einem Staat zurechtfinden? Die Antwort ist einfach: Lassen Sie Ihre Kinder entscheiden, wohin sie Sie führen wollen, mithilfe dieses Führers und der Geschichten, die er erzählt. Auf diesen Seiten ist nicht alles zu finden, was man in der sogenannten „Ewigen Stadt" sehen kann, es wäre unmöglich, es zu beschreiben und gleichzeitig zu besuchen.

SIE FINDEN JEDOCH VIER UNTERHALTSAME ROUTEN FÜR KINDER, VOLLER LEGENDEN UND KURIOSITÄTEN, DAMIT AUCH DIE KLEINSTEN EINE METROPOLE KENNENLERNEN, IN DER SOGAR DIE HAUSNUMMERN ETWAS ZU ERZÄHLEN HABEN.

Mit diesem Band können Sie auf Reisen von zu Hause aus spielen und natürlich auch richtig losfahren. Sie werden alles finden, was meine Kinder geliebt haben und was hoffentlich auch Sie und Ihre kleinen Entdecker verzaubern wird.

An meine Eltern (alle vier!), die mich die Schönheit der Welt gelehrt und mir die Freiheit gegeben haben, sie zu erkunden.

Daniela Celli

HALLO, FREUNDE, ICH STELLE MICH VOR

Guten Tag, kleine Entdecker!

Ich bin Lupetta oder kleine Wölfin, Römerin seit mindestens dreißig Generationen, und ich freue mich darauf, euch auf eine Tour durch mein schönes Rom mitzunehmen. Ihr solltet wissen, dass es in dieser Stadt keinen Stein gibt, der nicht eine faszinierende, geheimnisvolle oder merkwürdige Geschichte erzählt, daher versichere ich euch, dass wir uns nicht langweilen werden! Wusstet ihr zum Beispiel, dass jeden Tag um die Mittagszeit ein Kanonenschuss auf dem Janikulus-Hügel abgefeuert wird? Und dass es im Stadtteil Ripa einen bizarren Lügendetektor gibt? Nun, wenn ihr neugierig auf mehr seid, können wir uns auf den Weg machen. Gemeinsam folgen wir vier unterhaltsamen Routen, die uns durch die italienische Hauptstadt führen und auf denen wir Hügel und Plätze, Paläste und Ruinen entdecken. Wir werden sogar einen Ausflug ins Ausland machen! Jede Route beginnt mit einer Karte, auf der die geplanten Haltestellen eingezeichnet sind. Wenn du Durst bekommst, gibt es die „Nasoni" oder Trinkbrunnen, und wenn ihr Hunger habt (ich habe immer Hunger!), nun, Rom ist voll von köstlichen Leckereien. Und schließlich bleibt zwischen den vielen wunderbaren Sehenswürdigkeiten noch Zeit für ein paar Spiele. Vergesst also nicht, eure Augen offen zu halten!

SEID IHR BEREIT? GEHEN WIR LOS?

ZUSAMMENFASSUNG

ROUTE 1

ROUTE 2

ROUTE 3

ROUTE 4

Rom

Guten Morgen, Jungs und Mädels, und willkommen in der Ewigen Stadt!

ROUTE 1

Unser erster römischer Tag beginnt mit einem Besuch in einem wunderschönen Stadtpark. Nach einer vergnüglichen Bootsfahrt und einem „vorgetäuschten Schiffbruch" gehen wir auf Monsterjagd, schlüpfen in geheimnisvolle, mit Skeletten bedeckte Verliese und halten schließlich an der Piazza di Trevi, wo uns eine wichtige Aufgabe erwartet.

- **Eine Stadt in der Stadt**

Das historische Zentrum von Rom ist in *22 Bezirke* unterteilt: der erste ist der *Rione Monti*, der durch drei Berge gekennzeichnet ist, der letzte ist der *Rione Prati*, dessen Symbol das CASTEL SANT'ANGELO (Engelsburg) ist. Achtet bei eurem Rundgang durch die Stadt darauf, dass jedes Viertel durch eine Tafel mit der NUMMER, dem Namen und dem Wappen gekennzeichnet ist, die ein kleines Stück der Stadt erzählt.

- **Ein alter Beiname**

Rom wurde erstmals von einem lateinischen Dichter, der vor mehr als zweitausend Jahren lebte, als EWIGE STADT bezeichnet.
EIN BEINAME, DER SO TREFFEND IST, DASS SIE IHN BIS HEUTE BEIBEHALTEN HAT!

VILLA BORGHESE

Wie wäre es, wenn wir die Stadt von einer ihrer wunderbaren Grünflächen aus erkunden?

Die *Villa Borghese* ist einer der größten Stadtparks in Europa! Eine wahre OASE im Herzen der Stadt, in der man skaten, Rad fahren, picknicken, aber auch die Kunstwerke in der *Galleria Borghese* bewundern, sich als Seemann improvisieren, ein PUPPENTHEATER im San Carlino oder einen Film im kleinsten Kino der Welt sehen kann!

• Alle einsteigen! (oder fast ...)

In der Mitte des Parks befindet sich der herrliche Teich der Villa Borghese, wo man ein Ruderboot mieten und zwischen Enten und Schwänen um die kleine Insel fahren kann, auf der sich der Tempel des Äskulap, des Gottes der Heilkunde, befindet.

• Eine Wasseruhr

Nur einen Steinwurf von der *Panoramaterrasse des Pincio* entfernt befindet sich eine geniale Erfindung, die 1867 von einem Dominikanermönch geschaffen wurde.
Bei dieser ungewöhnlichen Uhr füllt das von oben herabfallende Wasser zwei Becken, die wiederum das Pendel in Bewegung setzen.

PIAZZA DI SPAGNA

Von oben betrachtet, sieht sie aus wie ein großer Schmetterling mit dreieckigen Flügeln!

Die *Piazza di Spagna* ist einer der berühmtesten römischen Plätze. Er ist das elegante „Wohnzimmer" der Stadt, umgeben von schönen Palästen und einer wunderbaren Treppe, die ihn seit drei Jahrhunderten mit der *Kirche Trinità dei Monti* verbindet. Wo einst ein Hügel war, führen heute 135 Travertinstufen hinunter.
WIE WÄRE ES MIT EINEM AUFSTIEG AUF DEN GIPFEL?

• Der Schiffsuntergang der *Barcaccia*
In der Mitte der Piazza befindet sich ein herrlicher *Brunnen* in Form eines Bootes, oder besser gesagt einer BARCACCIA, dem typischen Boot, mit dem der *Tiber* befahren wird. BEOBACHTET ES GUT: Habt ihr nicht den Eindruck, dass es untergeht? Das ist nämlich richtig. Offenbar wurde der Bildhauer PIETRO BERNINI von einem Boot inspiriert, das während einer Überschwemmung hierher geschleppt wurde.

PALAZZETTO ZUCCARI

Gehen wir auf Monsterjagd?

Das 1590 von FEDERICO ZUCCARI errichtete fantasievolle Gebäude trägt den Spitznamen *„Haus der Ungeheuer"* wegen der furchterregenden Verzierungen an den Gesimsen um Tür und Fenster. Sie sehen aus wie hässliche offene Münder!

UND HABT IHR AUCH ANGST DAVOR? Wenn die Antwort NEIN lautet, dreht das Buch um, ihr seid bereit für die nächste Etappe!
SONST GEHT DIREKT ZU SEITE 12.

DIE KAPUZINERGRUFT

Folgt mir, meine unerschrockenen Freunde!

Nur wenige Minuten von der *Spanischen Treppe* entfernt befindet sich einer der unheimlichsten und geheimnisvollsten Orte Roms. Im Inneren der *Kirche Santa Maria dell'Immacolata* verbirgt sich eine KRYPTA, die mit den Knochen von Tausenden von Mönchen geschmückt ist! Ein geheimnisvoller Künstler hat aus Schädeln, Schienbeinen, Wirbeln und ganzen Skeletten Kronleuchter, Säulen, Bögen und Ornamente für die Decke und die Wände geschaffen.

DER TREVI-BRUNNEN

Ich stelle euch den größten Brunnen Roms vor!

Es gibt eine römische Legende zu diesem alten Brunnen. Sie erzählt, dass derjenige, der eine kleine MÜNZE in den Brunnen wirft und dabei die Augen schließt und dem Denkmal den Rücken zuwendet, sicher sein kann, eines Tages nach Rom zurückzukehren!
ABER VORSICHT, DAMIT DAS RITUAL FUNKTIONIERT, MUSS MAN SICH RECHTZEITIG UMDREHEN, UM DIE MÜNZE INS WASSER FALLEN ZU SEHEN!

• Der Brunnen der Liebenden

Auf der rechten Seite des Denkmals befindet sich ein einfacher Steinbrunnen, bei dem sich die beiden Wasserläufe kreuzen, wahrscheinlich, damit die römischen Frauen ihre Wasserschläuche schneller füllen konnten. Eine Legende besagt, dass Paare, die aus diesem Brunnen trinken und dann das benutzte Glas zerbrechen, für immer verliebt bleiben.

• Wo landen die Münzen?

Die städtischen Angestellten sammeln die Münzen ein, die gereinigt und getrocknet und dann an Wohltätigkeitsorganisationen gespendet werden. Es werden jedes Jahr über eine Million Euro gesammelt!

Seid ihr bereit für ein neues Abenteuer?

ROUTE 2

Heute erwartet uns eine spannende Tour! Wir beginnen mit dem Besuch eines wunderschönen SCHLOSSES, wo wir eine Legende hören und nichts Geringeres als einen GEHEIMEN GANG entdecken werden. Wir werden einen Platz erkunden, der einst ein Stadion, aber auch ein See war, und dann die MYSTERIEN eines der größten Gebäude der antiken Welt entdecken. Wir werden eine Kirche mit einer IRGENDWIE MAGISCHEN DECKE besuchen, wir werden uns auf die Suche nach einer gewissen KATZE machen und als letzte Etappe werde ich euch ... ins Ausland mitnehmen. SEID IHR NEUGIERIG?

• „Nasenjagd“

Bekommt ihr bei eurem Bummel durch Rom Durst? Keine Sorge, es gibt 2500 *Nasoni* in der Stadt! Ja, ihr habt richtig gelesen. Die „großen Nasen“ sind nichts anderes als TRINKWASSERBRUNNEN: Sie heißen so wegen der Form des Wasserhahns, der einer großen Nase ähnelt!

• Hallo? Suppli?

Und wenn ihr ein gewisses Hungergefühl bekommt? Das passiert mir andauernd! VERSUCHT ES MIT EINEM „SUPPLÌ AM TELEFON“! Es ist eine Art leicht länglicher Krokette, gefüllt mit Reis und Fleischsauce. Im Inneren befindet sich ein Würfel aus Fäden ziehendem *Mozzarella*-Käse, der nach dem Abbeißen aussieht wie alte Telefonkabel.

ENGELSBURG (CASTEL SANT'ANGELO)

Erhebt eure Schilde, meine Tapferen, eine Burg wartet auf uns!

Eigentlich gab es ursprünglich keine Ritter in der Engelsburg, denn trotz seines Namens war dieses imposante Gebäude ein riesiges GRABMAL für den Kaiser und seine Familie! Es war HADRIAN, der es im Jahr 123 n. Chr., also vor fast zweitausend Jahren, erbauen ließ! Damals sah es noch ganz anders aus als heute: ein rundes Mausoleum, das aus vielen Tuffsteinblöcken bestand und mit weißem MARMOR bedeckt war. In den folgenden Jahrhunderten wurde es mehrfach umgestaltet: Burg, luxuriöses Refugium und sogar Gericht und Gefängnis!

• Ein Geheimgang

Um 1300 wurde die Engelsburg zu einer uneinnehmbaren Festung mit Wällen und Gräben, in die sich der Papst bei Gefahr flüchten konnte. Zu diesem Zweck wurde ein GEHEIMGANG gebaut, ein erhöhter Korridor, der den Vatikanpalast mit der Engelsburg verbindet.

• Die Legende des Erzengels

Im Jahr 590 n. Chr. wurde Rom von der Pest heimgesucht. Einer alten Legende zufolge erschien der Erzengel Gabriel eines Tages auf der Burg, als er das blutige Schwert in seine Scheide steckte und das Ende der Epidemie ankündigte. Als Zeichen der Dankbarkeit wurde eine Statue des Erzengels auf dem Mausoleum des Hadrian aufgestellt.

HABT IHR JETZT VERSTANDEN, WARUM DAS SCHLOSS SO HEISST?

PIAZZA NAVONA

Willkommen auf der Piazza *„in agone"*!

Nein, Kinder, ich bin nicht verrückt geworden! Dies war der Name des Platzes im alten Rom. *Agones* waren auf Lateinisch Wettbewerbe, Spiele, und der Platz wurde so genannt, weil er damals ein STADION war, in dem Sportler vor bis zu 30.000 Zuschauern antreten konnten!
Später wurde aus *„agon"* *„navon"* und schließlich ... *NAVONA*!

• Ein See auf der Piazza Navona
1652 führte PAPST INNOZENZ X. einen kuriosen Brauch ein: Im Sommer, wenn es sehr heiß war, wurden die Abflüsse der drei Brunnen verschlossen, sodass das Wasser frei nach außen fließen konnte.
Die Piazza Navona wurde so zu einem kleinen SEE, der nicht nur die Bürger erfrischte, sondern auch viele Möglichkeiten zur Unterhaltung bot: Es gab Boote aus Holz und Pappmaschee, gondelförmige Kutschen und Musiker, die mit den Füßen im Wasser spielten!

Suchen und finden

- 1 Dame in einem roten Kleid.
- 5 Papierschiffchen
- 1 Kutscher mit Perücke
- 3 Enten
- 3 Frösche

• **Der Brunnen der vier Flüsse**

In der Mitte des Platzes befindet sich der malerische Vierströmebrunnen, die von riesigen Statuen dargestellt werden. Das Denkmal wurde von dem berühmten Bildhauer GIAN LORENZO BERNINI entworfen.

Aber um welche Flüsse handelt es sich dabei? Der von Kaktusfeigen umgebene Riese stellt den *Rio de la Plata* in Südamerika dar. Der Riese mit den bedeckten Augen ist der *Nil*, die Statue mit dem Ruder ist der *Ganges* und der letzte ist die *Donau*.

PANTHEON

Folgt mir, Freunde! Wir stehen vor einem der größten Gebäude der antiken Welt!

Das vom Feldherrn und Architekten AGRIPPA erbaute *Pantheon* war ein Tempel, der allen Gottheiten gewidmet war. Eineinhalb Jahrhunderte nach seinem Bau wurde die gigantische Kuppel hinzugefügt, die noch immer eine der größten der Welt ist! In der Mitte der KUPPEL befindet sich das einzige Fenster der Kirche: ein großes „Auge" mit einem Durchmesser von etwa 9 Metern. Eine Legende besagt, dass es einst von einem großen bronzenen Pinienzapfen verschlossen war. Als der Tempel Papst Bonifatius VI. geschenkt wurde, der ihn in eine Kirche umwandelte, nahmen die bösen Geister ihn heraus, um zu fliehen!

• Wie alt ist das Pantheon?
Um das herauszufinden, müssen wir die Inschrift unter dem Tympanon suchen: „M-AGRIPPA-L-F-COS-TERTIUM-FECIT“, was aus dem Lateinischen übersetzt bedeutet: *„Marcus Agrippa, Sohn des Lucius, Konsul zum dritten Mal, hat es erbaut“*. Da Agrippas drittes Konsulat auf das Jahr 27 v. Chr. datiert wird, kann man sagen, dass das Pantheon zwischen 27 und 25 v. Chr. errichtet wurde.

• Wenn es draußen regnet?
Eine alte Legende behauptet, dass kein Wasser in das Pantheon eindringen kann, aber das ist nicht ganz richtig. Dank des sogenannten „Kamineffekts“ bricht die wärmere Luftmasse im Inneren des Gebäudes die Tropfen und dämpft den Regen, der aber trotzdem eindringt und durch gut versteckte Löcher aufgefangen wird.

DER HEILIGE IGNATIUS VON LOYOLA

Seid ihr bereit, eine der „magischsten" Kirchen Roms zu betreten?

Eine Seite der hübschen *Piazza di Sant'Ignazio* wird von der Fassade einer schönen Barockkirche umschlossen. Als sie gebaut wurde, war eine große Kuppel geplant, die jedoch nie realisiert wurde. Doch wenn man sie betritt, sieht man tatsächlich eine Kuppel! WIE IST DAS MÖGLICH?

• Rätsel gelöst

Die Kuppel, die ihr seht, wenn ihr über dem Schild in der Nähe des Altars steht, ist nichts anderes als ein OPTISCHER EFFEKT! Ein „Trick" des Künstlers ANDREA POZZO, der 1685 die Fresken mit einer speziellen Technik schuf, die ein Gemälde dreidimensional und damit real erscheinen lässt.

Wenn ihr euch zur goldenen Scheibe in der Mitte des Kirchenschiffs begebt, entdeckt ihr über euch eine weitere optische Täuschung: eine Kirche, die die echte Kirche fortsetzt, aber ... MIT DEM HIMMEL AN DER STELLE DES DACHES!

DIE KATZE VON PALAZZO GRAZIOLI

Schärft eure Augen, Kinder, wir müssen eine Katze suchen!

An der Spitze des Gesimses des Palazzo Grazioli befindet sich die Statue einer kleinen Katze, die einst zur Dekoration des antiken Isis-Tempels gehörte und der Straße ihren Namen gab.

ABER WEN STELLT DIESE WUNDERBARE SKULPTUR DAR UND WARUM WURDE SIE DIREKT DORT OBEN PLATZIERT?

• **Miiiiaaaauu**

Einer alten Legende zufolge war es ein Kätzchen, das in der Nachbarschaft lebte und die Bewohner eines Nachts vor einem Feuer rettete, indem es sie mit seinem lauten Miauen warnte.

Andere erzählen, dass sie ein Kind gerettet hat: Der kleine Junge hatte sich aus dem Fenster gelehnt und drohte vom Sims zu fallen, aber die Katze warnte die Mutter, die gerade noch rechtzeitig kam, um es hochzuziehen.

WELCHE DER BEIDEN GESCHICHTEN WAHR IST, IST NICHT BEKANNT, ABER ALLE SIND SICH EINIG, DASS DER BLICK DES TIERES ZUM VERSTECK EINES SCHATZES FÜHRT. SCHADE, DASS IHN NOCH NIEMAND GEFUNDEN HAT!

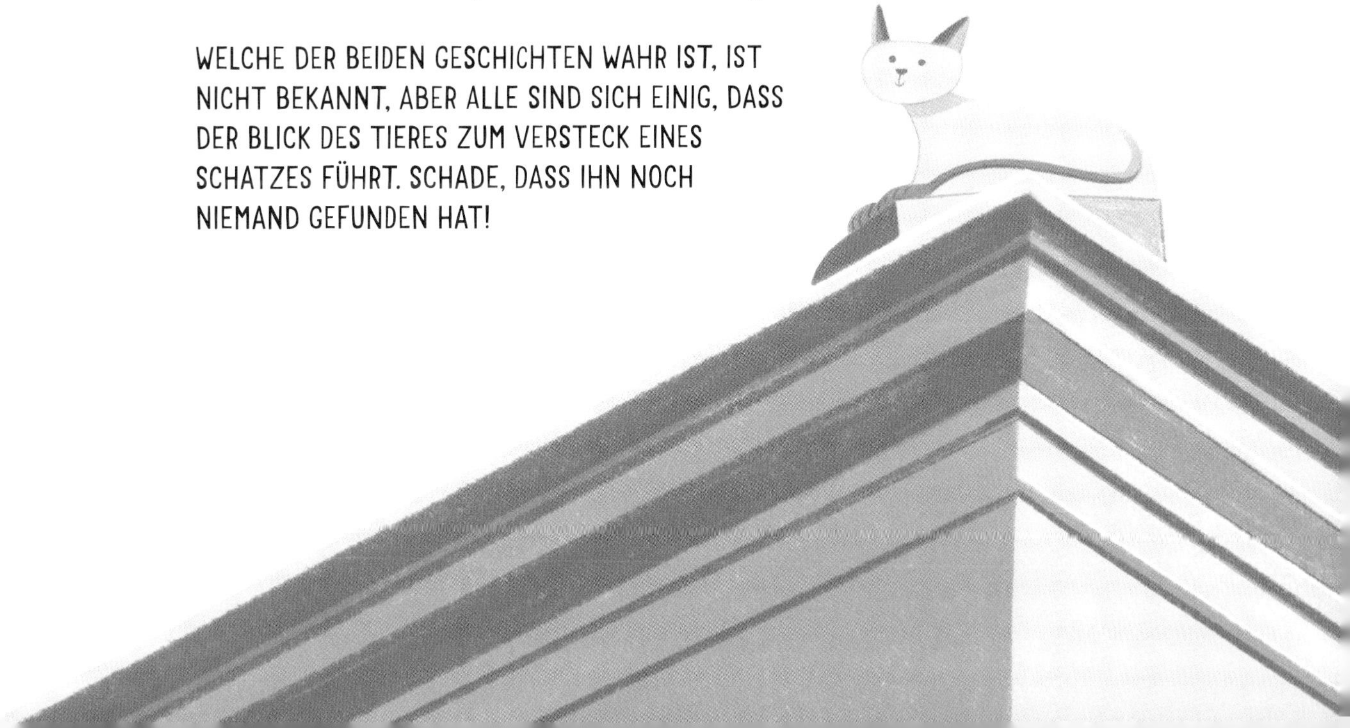

VATIKANSTADT

Die Vatikanstadt ist der kleinste Staat der Welt!

Man bedenke, dass seine Fläche weniger als einen halben Quadratkilometer beträgt, eine Fläche, die etwa 60 Fußballfeldern entspricht. Wie alle anderen Staaten prägt er Münzen (allerdings immer in Euro), hat eigene Briefmarken und wird von der kleinsten Armee der Welt geschützt. Das Staatsoberhaupt ist der Papst, der auch die oberste religiöse Autorität der katholischen Kirche ist.

Der von mittelalterlichen Mauern umgebene Vatikan liegt am Rande des historischen Zentrums von Rom und wird hauptsächlich vom *Petersdom* und seinem riesigen Platz sowie einigen Palästen eingenommen, von denen einer die außergewöhnlichen *Vatikanischen Museen* beherbergt.

IM MUSEUM FINDET IHR AUCH DIE STATUE DES LAOKOON: ABER IST DAS EINE SCHLANGE, DIE IHN UMWICKELT?

• Die Vatikanischen Museen

Die Vatikanischen Museen beherbergen eine der bedeutendsten und umfangreichsten Kunstsammlungen der Welt. Der beste Weg, sie zu besuchen, ist, den Audioguide für Kinder zu mieten, der einen faszinierenden Rundgang mit einer Karte und einer Kunstwerkssuche bietet.

Begleitet von Musik und unterhaltsamen Texten, entdeckt ihr Gemälde, Skulpturen, Galerien voller Karten und sogar Mumien und Sarkophage!

• Die kleine Armee des Papstes

Das Korps der Päpstlichen Schweizergarde besteht aus 110 Männern, die den Papst ständig bewachen, ihn auf seinen Reisen begleiten und über die Stadt wachen. Sie sind leicht an ihrer malerischen Uniform zu erkennen: eine Uniform mit Puffärmeln und Hosen mit blauen, roten und gelben Streifen. Zwei blanke Waffen vervollständigen das Outfit: der Degen und die Hellebarde!

IN DIESEM KLEINEN STAAT LIEGT EINES DER AUSSERGEWÖHNLICHSTEN KÜNSTLERISCHEN MEISTERWERKE DER WELT.

BLÄTTERT UM, WENN IHR NEUGIERIG SEID, UM WELCHES ES SICH HANDELT.

DIE SIXTINISCHE KAPELLE

Die *Sixtinische Kapelle* ist eines der größten Kunst- und Kulturdenkmäler der Welt. Sie wurde im 15. Jahrhundert im Auftrag von PAPST SIXTUS IV. erbaut. Im Jahr 1508 beauftragte der Papst MICHELANGELO mit der Ausmalung des riesigen Gewölbes. Es war nicht weniger als fünfhundert Quadratmeter groß: ein TITANISCHES WERK!

• Kopf hoch

Eine der ersten Schwierigkeiten, mit denen MICHELANGELO konfrontiert wurde, war das Erreichen der Decke, die gut 20 Meter hoch ist. Der Künstler entwarf eine einfache hölzerne Plattform, die auf - in der Nähe der Fenster verankerten - Stützen ruhte, sodass das Werk von unten nicht sichtbar war und der Raum darunter frei blieb. Michelangelo stand da und starrte zur Decke hinauf und arbeitete ununterbrochen VIER JAHRE lang. Es heißt, dass er so in seine Arbeit vertieft war, dass er nicht einmal nach Hause ging, um zu schlafen! Dies verursachte ihm starke Schmerzen, Schwindel und Sehstörungen.

• Ich mache alles selbst

Michelangelo erhielt den Auftrag, nur die ZWÖLF APOSTEL in Fresken zu malen, doch als das Werk vollendet war, zählten die Figuren mehr als DREIHUNDERT! Der außergewöhnliche Künstler illustrierte die gesamte Geschichte der Menschheit vor den Zehn Geboten: die Schöpfung, die Geschichte von Noah, die Genesis und das Alte Testament. Es heißt, dass er niemandem vertraute und fast die gesamte Decke allein malte!

Folgt mir, Kinder, eine andere Ecke Roms wartet auf euch!

ROUTE 3

Die heutige Route ist voller ungewöhnlicher und mysteriöser Orte: Wir beginnen unseren Besuch auf dem *achten Hügel von Rom*, wo wir mittags Zeuge eines wahrhaft EXPLOSIVEN Ereignisses werden. Von hier aus geht es hinunter in den *Stadtteil Ripa*, wo uns eine seltsame bärtige Gestalt um unsere Hand bitten wird! Anschließend werden wir auf einer Insel in Form eines Schiffes nach einer Schlange suchen und erklimmen schließlich einen weiteren Hügel, einen herrlichen Ort mit Bitterorangenbäumen, in dem sich ein Schlüsselloch befindet, durch das wir spähen müssen.

ABER WIE WÄRE ES ERST EINMAL MIT EINEM FRÜHSTÜCK?

- **Die „Pasquinate“**

In Rom gab es einst sechs „sprechende“ Statuen. Ich meine, es war nicht so, dass sie tatsächlich sprachen, sondern es waren die Römer, die nachts Karten mit Gedichten oder sarkastischen Sprüchen aufhängten, um die Herrschenden zu kritisieren oder auf Probleme in der Stadt hinzuweisen. Die „Pasquinate“ wurden nach der Statue von PASQUINO benannt, die noch heute freche Zettel von Bürgern erhält.

- **Der Tiber**

Rom wird vom Tiber durchflossen, dem drittlängsten Fluss Italiens. Einst hieß er *Albula*, vom lateinischen *albus*, was „weiß“, „klar“, bedeutet und sich auf die Farbe des Wassers bezieht. Einer alten Legende zufolge verdankt er seinen heutigen Namen *Tiberinus*, einer strengen Wassergottheit, die eines Tages in den Tiber fiel und ... IN IHM ERTRANK.

JANIKULUS

Los, Kinder, wir müssen vor Mittag am Hügel sein!

Unweit der *Vatikanstadt* erhebt sich der achte Hügel Roms, von dem aus man einen herrlichen Blick auf die Stadt hat.
Hier oben wird jeden Tag pünktlich zur Mittagszeit ein Kanonenschuss abgefeuert. BUMM! Keine Sorge, Kinder, es handelt sich um Platzpatronen!

• Eine unfehlbare Uhr

Die Geschichte besagt, dass sich PAPST PIUS IX. vor langer Zeit, im Jahr 1847, darüber ärgerte, dass die Mittagsglocken nie alle auf einmal läuteten. Um das Problem zu lösen, befahl er einer Kanone, jeden Tag genau um 12 Uhr mittags einen Schuss abzugeben ....

... DAMIT DIE KÜSTER KEINE AUSREDEN MEHR HATTEN!

• Ein Leuchtturm weit weg vom Meer

Entlang der schönen Promenade des *Janikulus* ragt nicht weniger als ein Leuchtturm in die Höhe. Aber was macht ein Wächter des Meeres hier, wenn es kein Meer gibt? Eigentlich dient dieses prächtige Denkmal nicht der Schifffahrt, sondern ist ein Geschenk eines Komitees von in Argentinien lebenden Italienern. Zu besonderen Anlässen projiziert die Laterne die Farben der italienischen Flagge über die Dächer der Stadt.

MUND DER WAHRHEIT

Wer ist diese seltsame bärtige Gestalt?

Eine große runde Marmorplatte mit durchbohrten Augen, Nase und Mund, eingemauert im Säulengang der *Kirche Santa Maria in Cosmedin.*
Eigentlich weiß niemand, wen er darstellt. Manche sagen, er stelle JUPITER dar, andere den GOTT DES MEERES, und wieder andere meinen, es sei ein FAUN. Sicher ist nur, dass diese seltsame Maske unheimliche Geheimnisse verbirgt.

• **Ein Lügendetektor**
Ursprünglich handelte es sich um einen Gullydeckel, der dazu diente, Regenwasser zu „schlucken", doch seit dem Mittelalter entstanden zahlreiche Legenden um ihn: Die am weitesten verbreitete besagt, dass der Mund die Gabe habe, die Wahrheit zu erkennen.

WISST IHR, WIE?
Der Angeklagte musste seine Hand in die Öffnung stecken: Wenn er aufrichtig war, würde er sie unverletzt herausziehen, andernfalls würde sich der Mund schließen und er würde sie abhacken!

MÖCHTET IHR ES VERSUCHEN? SEID MUTIG UND STECKT EURE HAND IN DEN MUND!

TIBERINSEL

In der Mitte des Tibers liegt eine der kleinsten bewohnten Inseln der Welt!

Sie ist 300 Meter lang und nur 30 Meter breit und durch zwei Brücken mit dem Flussufer verbunden. Man sagt, dass sie einst wie ein Schiff geformt war, mit einem Bug, einem Heck und einem Mast in der Mitte!

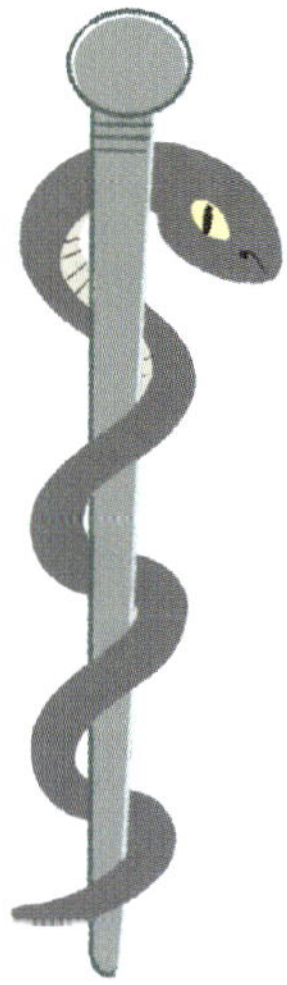

• Die Schlange des Äskulap

Eine alte Legende besagt, dass die Römer, als Rom vor über zweitausend Jahren von der Pest heimgesucht wurde, ein Schiff nach Griechenland schickten, um zum Gott der Medizin zu beten. Als sie ihr Ziel erreichten, tauchte eine große Schlange aus dem Tempel auf und nahm auf dem Schiff Zuflucht. Im Glauben, es handele sich um Äskulap, setzten die Männer die Segel in Richtung Rom. Hier sprang das Reptil ins Wasser, erreichte die Tiberinsel und verschwand, wie auch die Pest!

ZU EHREN DES GOTTES WURDE AUF DER INSEL EIN TEMPEL ERRICHTET, DESSEN ÜBERRESTE NOCH HEUTE SICHTBAR SIND UND AUF DEM DIE FIGUR DER SCHLANGE ZU SEHEN IST!

WENN IHR DIE MYTHEN MÖGT, DIE MIT DEM ALTEN ROM VERBUNDEN SIND, DANN BLÄTTERT UM!

JEDE STATUE, JEDES DENKMAL, FAST JEDER STEIN IN ROM BIRGT EINE GESCHICHTE, EINE LEGENDE, EINEN MYTHOS.

WISST IHR, WAS MYTHEN SIND? Es sind Erzählungen, die von den Heldentaten von Göttern, Halbgöttern oder sogar Monstern, wie zum Beispiel den RIESEN, berichten. Es sind Geschichten, die dazu dienen, bestimmte Ereignisse zu erklären, bestimmte Fragen zu beantworten oder Gefühle wie Stärke, Mut, Hass, Liebe zu feiern. HEUTE WERDE ICH EUCH ZWEI VON IHNEN ERZÄHLEN.

• Herkules und das Aventinische Ungeheuer

Es heißt, dass irgendwo auf dem *Aventin* eine Höhle lag, in der der schreckliche Riese CACUS hauste, ein Wesen mit einem behaarten Körper, gelben Zähnen und einem Feuer speienden Maul. Eines Tages kam HERKULES, der Halbgott von außerordentlicher Kraft, mit einer Herde schöner roter Kühe nach Rom, die er dem Riesen GERYON gestohlen hatte. Müde schlief er in der Nähe des Tibers ein, doch als er erwachte, stellte er fest, dass einige der Tiere verschwunden waren. DIE HATTE CACUS GESTOHLEN. Nachdem er seine stinkende, mit Knochen bedeckte Höhle betreten hatte, schlug Herkules den Riesen mit seiner Keule und tötete ihn.

DIE NACHRICHT VERBREITETE SICH UND DIE BÜRGER ERRICHTETEN ZU EHREN DES HELDEN EINEN ALTAR.

• Äneas und die Entstehung Roms

Die antike Stadt Troja wurde von den Griechen belagert, denen es mit einer genialen List gelang, sie in Brand zu setzen. Einige Soldaten hatten sich in einem riesigen HOLZPFERD versteckt, das die Trojaner in die Stadtmauern gebracht hatten, weil sie glaubten, es sei ein Geschenk für die Götter. Doch als es dunkel wurde, schlüpften die Griechen aus dem großen Tier und zerstörten die Stadt, während alle schliefen. In derselben Nacht träumte ein furchtloser Held namens ÄNEAS von seinem Freund HEKTOR, der ihm die Niederlage ankündigte und ihn aufforderte, die Stadt zu verlassen und eine neue zu gründen. UND SO GESCHAH ES. Nach unzähligen Abenteuern kam Äneas in Italien an, heiratete und wisst ihr, wer zwei seiner Nachkommen waren?

ROMULUS UND REMUS ... LEST MEHR DAZU AUF SEITE 47!

AVENTINHÜGEL

Was für eine schöne Aussicht und welch frische, saubere Luft man hier oben atmen kann!

Der Aventin ist einer der sieben sagenumwobenen Hügel Roms, die Höhen, auf denen die Stadt in der Vergangenheit erbaut wurde. Es ist ein etwas magischer Ort, an dem man zwischen Rosensträuchern und Orangenbäumen spazieren gehen kann, wie in dem schönen Garten, der die Stadt überblickt, aber es ist auch ein Ort voller Geheimnisse, Legenden und unerwarteter Überraschungen. Am liebsten gehe ich zum Sonnenuntergang dorthin, denn von hier oben färbt sich Rom rot und orange, wauuu, entschuldigt mich, Freunde, aber ich bin eine romantische Wölfin!

• Spionieren erlaubt!

Auf der *Piazza dei Cavalieri di Malta*, ganz oben auf dem Hügel, befindet sich einer der wenigen Orte auf der Welt, wo man durch ein Schlüsselloch schauen kann, ohne als Spion zu gelten.

NÄHERT EUCH DER GROSSEN TÜR DER VILLA DES PRIORATS UND WERFT EINEN BLICK DURCH DAS LOCH: DIE PRÄCHTIGE KUPPEL DES PETERSDOMS WIRD ERSCHEINEN!

• Eine wundersame Pflanze

Aber der Blick auf das *Priorat* ist nicht der einzige, der sich lohnt. In der nahe gelegenen Kirche *Santa Sabina* kann man durch einen kleinen Schlitz in der Wand, der auf den GEMÜSEGARTEN DES KLOSTERS blickt, den ältesten *Bitterorangenbaum* Europas sehen. Der Legende nach wurde er vor mehr als 800 Jahren vom heiligen *Dominikus* aus Spanien hierher gebracht und wächst seitdem aus seinen Wurzeln weiter und trägt jedes Jahr duftende Blüten und schöne Früchte.

Ist es möglich, dass wir bereits die letzte Route erreicht haben?

ROUTE 4

Unser letztes Abenteuer beginnt an einem der berühmtesten Orte der Welt: einem großen *Amphitheater*, in dem die tapferen GLADIATOREN kämpften. Nach der Entdeckung von Geschichten und Kuriositäten geht es weiter zu den beeindruckenden Ruinen des *Forum Romanum*; hier geben wir uns als Archäologen aus und entdecken eine geheimnisvolle Legende. Wir werden versuchen, wie in einem Comic die Geschichten über die *Trajanssäule* zu lesen, und schließlich das *Kapitol* besteigen, einen legendären Hügel, auf dem sich ein Museum mit einer ganz besonderen Statue befindet. ABER WIE WÄRE ES ERST EINMAL MIT EINEM FRÜHSTÜCK?

- **Ein süßes Versteck**

Der *Maritozzo* ist ein typisches römisches Gebäck, dessen Ursprünge bis in die Antike zurückreichen. Er besteht aus einem weichen, süßen Laib, der mit viel Schlagsahne gefüllt ist. *Schlürf!* Eine Legende besagt, dass junge Leute früher ihren Verlobungsring darin versteckten und ihn dann ihrer Liebsten anboten. Wenn sie Ja sagte, wurden sie ... zu *maritozzi* (Ehemännern)!

- **Die Zahlen der Via Trionfale**

In Rom gibt es eine Straße mit einer sehr merkwürdigen Nummerierung. Über eine lange Strecke folgen die Hausnummern nicht der traditionellen chronologischen Reihenfolge, sondern geben die Entfernung zum *Kapitol* an. Das letzte Haus hat die Nummer 14.159. KÖNNT IHR EUCH VORSTELLEN, IN SO EINEM HAUS ZU LEBEN?

KOLOSSEUM

Willkommen im größten römischen Amphitheater der Welt!

Kaiser VESPASIAN gab den Bau des *Kolosseums* zwischen 70 und 72 n. Chr. in Auftrag, also vor fast 2000 Jahren! Um den Abschluss der Bauarbeiten zu feiern, weihte sein Sohn TITUS, der die Nachfolge seines Vaters angetreten hatte, das Amphitheater ein und veranstaltete *hundert Tage lang Spiele*. Die gigantische Arena war in der Tat geschaffen worden, um den Bürgern einen Ort zu bieten, an dem sie sich vergnügen konnten. Tausende von Zuschauern konnten Aufführungen, historische Feste, Kämpfe und sogar echte Seeschlachten verfolgen!

• Die schrecklichen *Venationes*

Am Vormittag fanden Spektakel mit TIEREN statt. Titus ließ sie aus allen Teilen des Reiches kommen: Strauße, Löwen, Krokodile, Bären, Kamele und viele andere exotische Arten, die wie durch Zauberei vor dem Publikum erschienen und von unsichtbaren „Fahrstühlen“ transportiert wurden. Leider handelte es sich dabei oft um grausame Spiele: Kämpfe und Schlägereien, bei denen sowohl Menschen als auch Tiere ihr Leben verloren.

• Gladiatorenkämpfe

Die *Gladiatoren* kämpften am Nachmittag. Es handelte sich in der Regel um Sklaven, Verbrecher, Kriegsgefangene oder zum Tode Verurteilte, die hart trainiert wurden.
DIE KÄMPFE FANDEN IN DER ARENA STATT, EINEM MIT SAND BEDECKTEN HOLZBODEN, DER MIT DEN KERKERN DURCH FALLEN UND HEBEVORRICHTUNGEN VERBUNDEN WAR, UM DIE KÄMPFE „SPEKTAKULÄRER“ ZU MACHEN.

ENTDECKEN WIR WEITERE KURIOSITÄTEN ÜBER DAS KOLOSSEUM!

• Warum Kolosseum?

Ursprünglich hieß es *Flavisches Amphitheater*, aber im Mittelalter begann man, es *Kolosseum* zu nennen. Im Lateinischen bedeutet *colosseum* kolossal, GIGANTISCH, und in der Tat ist es angesichts der Größe des Monuments leicht zu verstehen, warum man es so nannte.

Anderen Quellen zufolge bezog sich das Adjektiv jedoch auf eine riesige Statue des NERO, die in der Nähe der Arena aufgestellt war.

- ***Naumachien*, die Seeschlachten im alten Rom**

Es scheint, dass das *Kolosseum* mit einem speziellen Mechanismus ausgestattet war, der es ermöglichte, die Arena zu ÜBERFLUTEN. Das Amphitheater wurde so in ein echtes „Meer" verwandelt, auf dem Tausende von Gefangenen an Bord von Biremen, Triremen und Quadriremen kämpften!

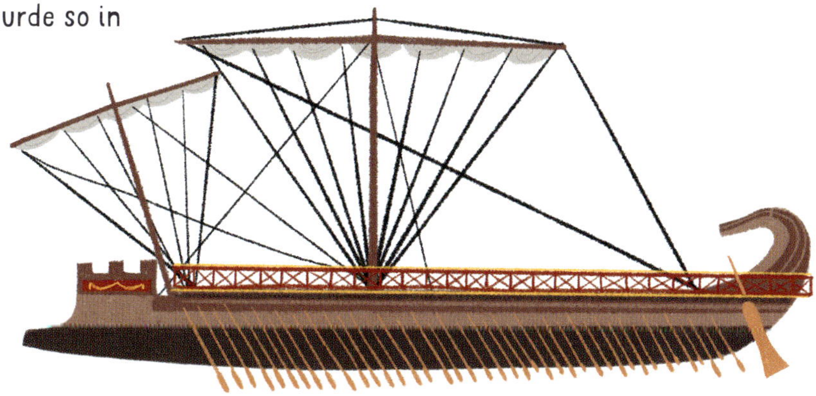

- **Das *Velarium***

Bei schlechtem Wetter oder an heißen Sonnentagen zogen erfahrene Matrosen einer Abteilung der römischen Flotte eine Art „Segel" über dem Amphitheater auf, das als SCHATTEN diente. Außerdem wurden an besonders heißen Tagen Düsen mit DUFTWASSER über dem Publikum versprüht, um, äh... schlechte Gerüche zu bekämpfen.

- **Daumen hoch, Daumen runter**

In vielen modernen Gladiatorenfilmen entscheidet der Kaiser über die Rettung des besiegten Kämpfers, indem er seinen Daumen hochhält. Umgekehrt bedeutet der nach unten gerichtete Daumen seinen Tod.

Im alten Rom war das anscheinend anders: Der hochgestreckte Daumen symbolisierte das gezogene Schwert, das tötet, während die geballte Faust anzeigte, dass das Schwert in die Scheide zurückkehrt.

PRAKTISCH DAS GEGENTEIL!

FORUM ROMANUM

Folgt mir, Kinder, lasst uns auf die Spitze der Forumsterrasse klettern!

Jede Säule, jeder Stein, jede Ruine, auf die ihr trefft, war einst ein Tempel, eine Kirche, ein Bogen, ein Palast. In der Tat war das Forum Romanum das Herz des politischen und gesellschaftlichen Lebens in Rom, ein großer „Platz", auf dem Einkäufe getätigt, Geschäfte abgeschlossen, Gebete gesprochen wurden und wichtige Versammlungen und Machtdemonstrationen stattfanden.
BENUTZT EURE FANTASIE UND VERSUCHT EUCH VORZUSTELLEN, WIE ES WAR!

• Die Legende vom *Lapis niger*

Vor etwas mehr als einem Jahrhundert machte ein Archäologe eine wertvolle Entdeckung: Versteckt unter dunklen Marmorplatten in der Nähe der *Kurie* fand er einen wichtigen heiligen Bereich. Und hier, auf dem Sockel eines Altars, befand sich eine Steinplatte mit der ältesten jemals gefundenen lateinischen Inschrift.

Dort stand: WER DIESEN ORT VERLETZT, IST VERDAMMT!

Der Legende nach stand hier das Grab des *Romulus*. Wer war er? Entdecke es auf Seite 47!

DIE TRAJANSSÄULE

Es ist an der Zeit, zum Forum Romanum zu gehen!

Als mit der Ausdehnung Roms ein Forum nicht mehr ausreichte, wurden im Laufe der Zeit fünf weitere „Plätze" gebaut, die als Kaiserforen bekannt wurden. Auf dem Trajansforum, dem letzten und größten, befindet sich ein grandioses und faszinierendes Monument, eine Säule, die so hoch ist wie einhundert römische Fuß, was mehr oder weniger SECHS GIRAFFEN ENTSPRICHT, DIE ÜBEREINANDERSTEHEN!

• Wie alte Comics

Das Außergewöhnliche ist, dass der Säulenschaft vollständig mit unglaublichen Geschichten über die Eroberung von DAKIEN durch den Kaiser TRAJAN beschriftet war.
Es ist so ähnlich wie eine Papierrolle, die man wie einen Comic „lesen" kann.

VERWENDET EIN FERNGLAS, UM BILDER VON OBEN ZU SEHEN!

KAPITOL

„Und die kapitolinischen Gänse, die der Stolz der Römer waren!"

Der *Kapitolshügel* ist der kleinste der sieben Hügel, auf denen Rom erbaut wurde. Er beherbergte einst die wichtigsten Tempel und war aufgrund seiner erhöhten Lage ein strategischer Ort für die Verteidigung der Stadt. Einer der vielen Legenden zufolge wurde von hier aus TARPEIA, eine junge Frau, die die Römer verriet, indem sie Feinde in die *Festung* ließ, hinabgestoßen. Daher erhielt der FELS ihren Namen und wurde zum Ort, von dem aus die zum Tode Verurteilten hinabgeworfen wurden!

• Wächtergänse

Ihr müsst wissen, dass vor mehr als zweitausend Jahren das Volk der GALLIER Rom belagerte. Die Bürger hatten sich auf den Hügel geflüchtet, doch eines Nachts gelang es den Feinden, sie anzugreifen.
NUR DANK DES GESCHNATTERS DER GÄNSE WURDEN DIE RÖMER AUFMERKSAM UND KONNTEN SICH RETTEN!

• Die Kapitolinischen Museen

Auf der Piazza del Campidoglio befindet sich das älteste öffentliche Museum der Welt! Am meisten Spaß macht der Besuch mit dem Audioguide für Kinder (nur auf Englisch oder Italienisch), der die FASZINIERENDEN GESCHICHTEN der dort ausgestellten Skulpturen erzählt. Bevor ich mich verabschiede, möchte ich euch noch eine Geschichte erzählen, die mir sehr am Herzen liegt:

Vor vielen Jahrhunderten wurde das Land, das später Rom werden sollte, von einem grausamen Mann namens AMULIUS regiert, der die Zwillinge Romulus und Remus, die Anspruch auf den Thron haben sollten, in den Tiber werfen ließ. Glücklicherweise trieb die Strömung sie an Land und die Kleinen wurden von einer Wölfin gerettet, die sie säugte.

ROMULUS WURDE DER GRÜNDER VON ROM. UND OHNE MEINEN VORFAHREN HÄTTEN WIR DIESE GROSSARTIGE STADT VIELLEICHT NICHT!

HIER ENDET UNSERE REISE! AUF WIEDERSEHEN, FREUNDE!

LAURA RE

Geboren in Rom, besuchte sie die Scuola Romana del Fumetto und arbeitete danach mit Animationsstudios als Charakterdesignerin, Konzeptkünstlerin und Illustratorin zusammen. Nach dem Besuch der International School of Illustration in Sàrmede zog sie nach Mailand, um den Masterstudiengang Mimaster in Illustration zu absolvieren. Hier vertiefte sie ihre Kenntnisse im Verlagswesen und in der Welt der Illustration für Kinder.

DANIELA CELLI

Sie wurde 1977 in Florenz geboren. Nach ihrem Klavierstudium an der Musikhochschule „Luigi Cherubini" zog sie nach New York, wo sie ein Studium der Kriminologie begann. 1997 kehrte sie nach Italien zurück und absolvierte ein Jurastudium und machte ihr Diplom an der Akademie für Schauspielkunst. Sie war schon immer eine leidenschaftliche Reisende und bloggt seit 2008 ihre Abenteuer mit ihrer Familie auf der ganzen Welt.

Layout: Valentina Figus

Übersetzung: TperTradurre s.r.l., Rome
Lektorat: Brigitta Kook

ISBN 978-88-6312-624-2
4 5 6 30 29 28 27 26

Gedruckt in Rumänien von Rotolito Romania
Pantelimon Ilfov, Rumänien

MIX
Papier | Fördert gute Waldnutzung
FSC® C178000

Lupetta rühmt sich, dass zu ihren Vorfahren
keine Geringere als die berühmte Wölfin gehört,
die Romulus und Remus säugte.
Sie singt wahnsinnig gern, liebt
Sonnenuntergänge, Maritozzi mit Sahne
und kennt die verborgenen Geheimnisse
eines jeden Steins in Rom!